GAIR O

Bob Eynon

Lluniau gan Jon Williams

Roedd hi'n fore oer iawn. Roedd Sara'n crynu wrth fynd i lawr y grisiau. Roedd hi'n cerdded yn araf iawn achos doedd hi ddim eisiau deffro ei mam.

Agorodd hi'r drws ffrynt a daeth â'r llaeth i mewn. Roedd hi'n bwrw glaw a doedd y postmon ddim wedi bod eto felly doedd dim cardiau Nadolig na dim llythyr oddi wrth Tom.

Gair o Bosnia

Aeth hi â'r peint o laeth i mewn i'r gegin a throdd hi'r stôf trydan ymlaen. Yna llanwodd hi'r tegell wrth y sinc. Doedd hi ddim yn gallu gwneud dim byd yn y bore heb ei chwpanaid o de.

"Sara!"

Roedd Mam yn galw arni hi o lan llofft. Aeth Sara i waelod y grisiau.

"Beth sy'n bod, Mam?"

"Faint o'r gloch ydy hi?"

"Wyth o'r gloch. Does dim rhaid i ti godi eto, Mam. Mae'n rhy gynnar a dydw i ddim wedi rhoi'r tân ymlaen eto."

Ond roedd ei mam ar ei ffordd i lawr yn barod.

"Ydy'r postmon wedi bod?" gofynnodd hi.

"Nac ydy, ddim eto. Mae'n rhy gynnar. Fel arfer mae e'n dod tua hanner awr wedi wyth."

Roedd ei mam yn gwisgo gŵn nos, ac roedd ei hwyneb hi'n wyn.

"Wel, beth am y tân, Sara?" meddai hi. "Pam dwyt ti ddim wedi ei droi e ymlaen?"

"Achos roeddwn i'n gwneud y te," atebodd y ferch. "Dydw i ddim yn gallu gwneud dau beth ar yr un pryd."

Dechreuodd y tegell chwibanu yn y gegin.

"Gad y tân i fi," meddai ei mam. "Cer di i'r gegin i wneud y te."

Gair o Bosnia

"Wel, bydd yn ofalus," meddai Sara. "Mae'r ystafell yn oer iawn."

"O, paid â phoeni," atebodd ei mam. "Dydw i ddim mor sâl â hynny!"

Ond doedd Sara ddim yn gallu peidio â phoeni amdani hi. Roedd Mam yn sâl iawn, a dros dro roedd Sara wedi gadael ei swydd yn y ffatri i ofalu amdani hi.

"Tybed beth mae Tom yn ei wneud y bore 'ma?" meddai Mam yn sydyn.

"Wn i ddim," atebodd Sara. "Does dim syniad 'da fi."

Ond roedd Sara hefyd yn meddwl am ei brawd hi.

Gair o Bosnia

Roedd Tom yn filwr ac roedd e'n gweithio gyda'r Cenhedloedd Unedig yn Bosnia. Dyna pam roedd Mam yn aros am y post. Doedden nhw ddim wedi cael llythyr oddi wrth Tom ers wythnos, ond fel arfer roedd e'n ysgrifennu ddwy neu dair gwaith yr wythnos.

Clywodd Sara ei mam yn rhoi'r radio ymlaen yn y lolfa. Roedd ei mam yn gwrando ar y newyddion bob awr. Roedd Sara yn agos at ei brawd, ond roedd perthynas arbennig rhwng Tom a'i fam. Tra oedd e i ffwrdd, roedd ei mam yn poeni amdano fe drwy'r amser.

Roedd y newyddion yn sôn am Bosnia pan aeth Sara â'r te i mewn i'r lolfa.

"Mae milwyr Serbia a Bosnia yn dal i ymladd o gwmpas Sarajevo," meddai'r radio. "Dydy milwyr Prydain a Ffrainc ddim yn gallu gwneud llawer i'w rhwystro nhw."

Pan roddodd Sara'r cwpanau i lawr ar y bwrdd, gwelodd hi fod ei mam yn crio'n dawel.

"O, Mam," meddai hi. "Paid â chrio. Dwyt ti ddim yn helpu Tom fel yna. Wedi'r cwbl, dydy Tom ddim yno i ymladd, mae e yno i gadw'r heddwch."

Tynnodd ei mam hances o boced ei gŵn nos.

"Mae'n beryglus yn Bosnia, Sara," meddai hi gan sychu ei llygaid. "Mae Tom mewn perygl ..."

"Anghofia Tom am bum munud, Mam," atebodd Sara. "Efallai bydd llythyr i ni yn y post."

Gorffennodd Tom ei frecwast a chododd o'r bwrdd. Yna aeth allan o'r ystafell fwyta ac i mewn i neuadd y gwesty.

"Tom!" meddai llais. "Wyt ti'n byw yma hefyd?"

Trodd Tom ei ben a gweld milwr arall yn sefyll wrth gownter y gwesty.

"Steve," meddai dan wenu. "Dydw i ddim wedi dy weld di ers Aberhonddu."

Siglodd y ddau filwr ddwylo ac aethon nhw i

Gair o Bosnia

eistedd ar soffa ger grisiau'r gwesty.

"Fe gyrhaeddais i Bosnia neithiwr," meddai Steve, "a daethon nhw â fi i'r gwesty 'ma i gysgu'r nos. Roeddwn i'n disgwyl treulio'r nos mewn pabell, ond mae'n siwr fod y tywydd yn rhy oer i wneud hynny."

"Ac yn rhy beryglus," meddai Tom. "Weithiau roedd bomiau yn glanio ar y gwersyll, felly rydyn ni i gyd wedi symud i mewn i'r dref."

Edrychodd Steve o'i gwmpas.

"Roeddwn i yn ôl yng Nghymru ddoe," meddai fe. "Fe roddon nhw ddau ddiwrnod i ffwrdd i fi cyn dod i Bosnia."

"Mae hi wedi bod yn bwrw eira yma," meddai Tom. "Sut roedd y tywydd yng Nghymru?"

"Roedd yn oer iawn," meddai Steve. "Ac roedd hi'n bwrw glaw pan adawais i ar yr awyren. Gyda llaw, sut mae dy deulu di?"

"Wyt ti'n eu cofio nhw?" gofynnodd Tom.

"Wrth gwrs! Fe es i adref gyda ti pan oedden ni'n ymarfer yn Aberhonddu. Sut maen nhw?"

"Wel, mae fy chwaer Sara yn iawn," atebodd Tom. "Ond rwy'n poeni tipyn am fy mam. Mae hi wedi colli tir yn ddiweddar. Mae hi'n mynd i weld arbenigwr yn yr ysbyty ar ôl y Nadolig."

"Mae'n ddrwg gen i," meddai Steve. "Efallai bydd hi'n gwella yn y gwanwyn. Mae llawer o bobl yn mynd yn dost yn y gaeaf pan mae'r tywydd yn oer."

Clywon nhw lais arall – llais y sarjant.

"Jones, Thomas," meddai fe. "Ydych chi'n nabod eich gilydd?"

"Ydyn, Sarj," atebodd Tom. "Mae Steve yn Gymro fel fi. Rydyn ni'n hen ffrindiau."

"Wel, mae'n rhaid i ti fynd ag e i weld y cyrnol,"

meddai'r sarjant. "Mae'r cyrnol eisiau siarad â phob milwr newydd sy'n cyrraedd."

"Iawn," meddai Tom. "Rwy'n mynd i nôl fy reiffl." Trodd e at Steve. "Oes reiffl 'da ti, Steve?"

"Oes," atebodd ei ffrind. "Mae yn fy ystafell i.

Gair o Bosnia

Fydda i ddim yn hir."

Roedd strydoedd Sarajevo'n wag, ond roedden nhw'n gallu clywed sŵn gynnau yn y pellter.

"Cadw yn agos at waliau'r tai," meddai Tom wrth y llall. "A chadw dy lygad ar y ffenestri."

"Wel, mae'n edrych yn dawel yn yr ardal 'ma o leiaf," meddai Steve.

"Dyna pryd mae'n beryglus," atebodd Tom. "Yn anffodus, dydyn ni ddim yn gwybod pwy sy'n ffrindiau, a phwy sy'n elynion."

Roedd Steve yn dysgu'n gyflym. Roedd e'n cadw'n agos at y wal ac yn agos at ei ffrind Tom hefyd.

"Wyt ti'n cofio'r ymarferion yn Aberhonddu, Steve?" gofynnodd Tom i dorri'r tensiwn. "Roedd popeth mor syml achos doedd y perygl ddim yn real."

"Ydw," meddai Steve gyda gwên fach. "Wyt ti'n cofio'r noson yn y dafarn gyda'r Gurkhas? Roedden nhw mor garedig."

"Shhh ..."

Roedd sŵn cerbyd yn dod o'r stryd nesaf. Gwrandawodd Tom yn ofalus.

"Beth sy'n bod?" gofynnodd Steve.

"Wn i ddim. Cerbyd milwrol ydy e, efallai," atebodd Tom.

Gwelodd Steve gar yn dod rownd y gornel ac i fyny'r stryd. Yn sydyn cododd Tom ei reiffl.

"Cer i lawr!" meddai wrth ei ffrind.

Roedd Steve yn rhy araf yn symud ac roedd rhaid i Tom ei wthio fe i mewn i borth un o'r tai. Rhuthrodd y car heibio a chlywodd Steve ergyd. Pan gododd ei ben gwelodd e Tom yn gorwedd ar ei gefn ar y palmant.

Penliniodd Steve wrth ochr ei ffrind. Roedd llygaid Tom yn gymylog ac roedd gwaed yn dod allan o'i geg.

"Doeddet ti ddim yn dweud y gwir, Steve,"

meddai.

"Beth?" Doedd Steve ddim yn deall.

"Dydy'r tywydd ddim yn ddrwg yng Nghymru. Mae'r haul yn disgleirio. Mae'n eitha twym ..."

"Mam," meddai Sara. "Mae'r postmon wedi dod. Mae llythyr oddi wrth Tom!"

Estynnodd ei mam am y llythyr.

Yn sydyn daeth golau'r haul drwy'r ffenestr. Roedd y glaw wedi peidio, ac roedd y cymylau'n clirio o'r awyr.

"Rwy'n mynd i ddarllen y llythyr wrth y ffenestr," meddai Mam. "Yng ngolau'r haul."

"O, bydda'n ofalus, Mam," meddai Sara. "Rwyt ti'n mynd yn bell o'r tân, ac mae'n oer o hyd."

Trodd ei mam a gwenodd arni hi.

"Paid â phoeni, Sara," meddai hi. "Gyda llythyr Tom yn fy nwylo i, rwy'n teimlo'n eitha twym, diolch."

Geirfa

arbenigwr	specialist
cadw'r heddwch	to keep the peace
Cenhedloedd Unedig	United Nations (U.N.)
cerbyd milwrol	military vehicle
colli tir	to lose ground
crynu	to shiver
ergyd	shot
gelynion	enemies
glanio	to land
gwaeth	worse
gŵn nos	dressing gown/night-gown
llanwodd hi	she filled (llenwi - to fill)
mewn perygl	in danger
milwr	soldier
palmant	pafin, pavement
pellter	distance
penlinio	to kneel
perthynas arbennig	special relationship
porth	porch
rhuthro	to rush
rhwystro	to prevent
siglo dwylo	to shake hands
trodd hi	she turned (troi - to turn)
tybed	I wonder

Argraffiad cyntaf 1998

Cyhoeddwyd dan nawdd
Cynllun Llyfrau Darllen Cyd-bwyllgor Addysg Cymru.

Mae Uned Iaith Genedlaethol Cymru yn rhan o CBAC/WJEC Cyf.,
cwmni a gyfyngir gan warant ac a reolir gan awdurdodau unedol
Cymru.

© Bob Eynon

Mae Bob Eynon wedi datgan ei hawl i gael ei adnabod fel awdur y
gwaith hwn yn unol â Deddf Hawlfraint, Dyluniadau a
Phatentau1988.

Cyhoeddwyd gan Wasg y Dref Wen,
28 Ffordd yr Eglwys, Yr Eglwys Newydd,
Caerdydd CF4 2EA
Ffôn 01222 617860.

Cedwir pob hawlfraint. Ni chaiff unrhyw ran o'r llyfr hwn ei
hatgynhyrchu na'i storio mewn system adferadwy na'i hanfon allan
mewn unrhyw ffordd na thrwy unrhyw gyfrwng electronig,
peirianyddol, llungopïo, recordio nac unrhyw ffordd arall, heb
ganiatâd ymlaen llaw gan y cyhoeddwr.

Cydnabyddir cymorth Awdurdod Cwricwlwm ac Asesu Cymru
wrth gyhoeddi'r gyfrol hon.